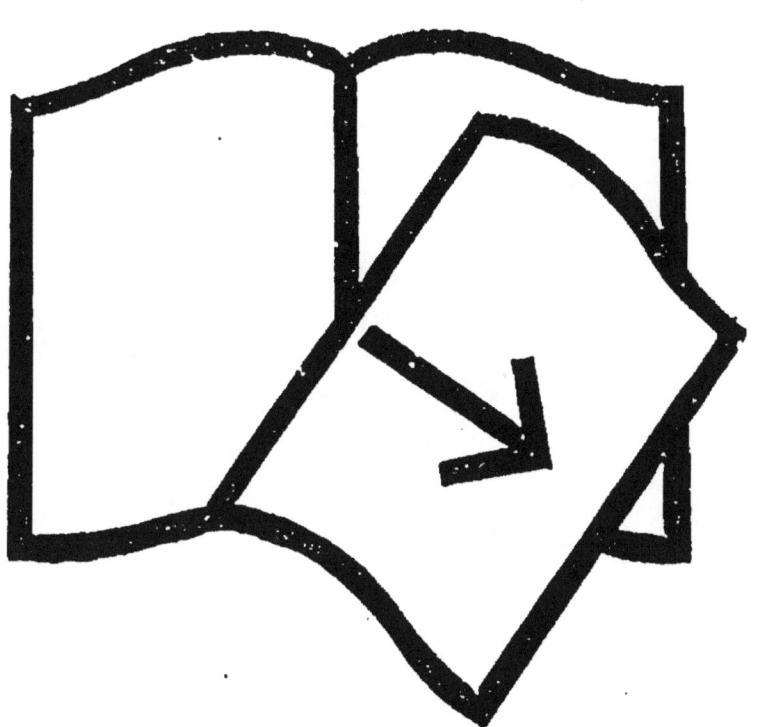

Couvertures supérieure et inférieure
manquantes

NOTICE

SUR LE BOURG, L'ÉGLISE D'UZESTE

ET LE TOMBEAU DE CLÉMENT V

DIOCÈSE DE BORDEAUX

DIOCÈSE DE BORDEAUX

NOTICE

SUR LE BOURG,

L'ÉGLISE D'UZESTE

ET

LE TOMBEAU DE CLÉMENT V

QU'ELLE RENFERME

PAR

M. L'ABBÉ S. FAUCHÉ

CURÉ D'UZESTE

BORDEAUX
IMPRIMERIE G. GOUNOUILHOU
11, RUE GUIRAUDE, 11.

1866

A SON EXCELLENCE

MONSIEUR LE GARDE DES SCEAUX

MINISTRE DE LA JUSTICE ET DES CULTES

A MONSIEUR HAMILLE

DIRECTEUR DES CULTES

NOTICE

SUR LE BOURG,

L'ÉGLISE D'UZESTE

ET

LE TOMBEAU DE CLÉMENT V QU'ELLE RENFERME

L'origine du sanctuaire de Notre-Dame d'Uzeste se perd dans la nuit du moyen âge, qui faisait de grandes et saintes choses sans s'inquiéter beaucoup d'en transmettre l'histoire aux siècles futurs. Néanmoins, la plus ancienne partie de l'église marque les dernières années de l'époque romane, commencement du XIIIe siècle. Dès l'an 1261, dit l'histoire de Bazas, Raymond de Castillon, évêque de Bazas, réunit l'église d'Uzeste à la mense épiscopale. Un registre des hommages rendus au roi d'Angleterre, en 1273, parle de Notre-Dame d'Uzeste comme d'une église alors en grande vénération. Quoique perdue, en quelque sorte, dans les sables stériles de nos landes, elle fut illustrée et ennoblie par *les prodiges* que Marie se plut à y opérer : « *Uzesta, ignobilis vicus* » *et sterilis, sed nobilis miraculis Beatæ Virginis, in cujus hono-* » *rem Clemens (V) ecclesiam ibi ædificaverat* ([1]). »

Sans doute, la pieuse légende des faveurs dont Marie avait placé là l'inépuisable source a disparu ; les grâces mystérieuses qui y furent accordées sont invisibles comme la main qui les prodigua ; les pèlerins dont il nous faudrait les confidences inti-

---

([1]) Sponde, *Annales ecclesiastici*, editionis 1659, p. 383.

mes pour dérouler ces mémoires secrets de la reconnaissance, sont dans la tombe depuis des siècles ; cependant, la célébrité de ce sanctuaire nous est démontrée par la dévotion que Clément V eut toujours pour ce lieu béni : *ob devotionem quam ad eum locum habuerat* (¹), » et confirmée par des lettres du 12 juin 1278. « Par ces lettres, le roi d'Angleterre permet pour lui et ses héri-
» tiers, à Jean de Grailli, seigneur de Benauge, d'assigner partout
» où bon lui semblera, sur le fief que ledit Jean tient de Sa Ma-
» jesté, une somme de vingt livres tournois pour le revenu d'une
» chapelle que ledit seigneur veut fonder dans l'église de Notre-
» Dame d'Uzeste, diocèse de Bazas, desquelles vingt livres les
» titulaires de ladite chapelle jouiront sans que le prince ou ses
» successeurs puissent les réclamer (²). »

Dans les chroniques, dans les vieux documents, on dit toujours : Notre-Dame d'Uzeste, comme on dit : Notre-Dame de Verdelais, Notre-Dame de Fourvières, Notre-Dame de la Garde, etc. Aujourd'hui encore, les habitants d'Uzeste adressent à Marie cette invocation : *Notre-Dame d'Uzeste, priez pour nous !*

Avant la Révolution, la ville de Bazas, pour accomplir un vœu, venait tous les ans en procession à Notre-Dame d'Uzeste. Le temps n'a pas pu détruire cette dévotion ; les Landais viennent encore de bien loin en pèlerinage devant une vierge-mère du xiii° siècle que le marteau des huguenots (1568 ou 1577) et des démolisseurs de 93 a impitoyablement mutilée. C'est aux pieds de cette madone que Clément V voulut qu'on le portât après sa mort : « *portatus ad istam ecclesiam Beatœ Mariœ* (³). » « Il or-
» donna, dit Delurbe, en mourant, sa sépulture lui être faite en
» l'église d'Uzeste qu'il avait fondée en lieu champestre, à demi-
» heure du château de Villandraut (⁴). » « *Jusserat Clémens (V)*

(¹) Giaconii, *Vitœ et res gestœ Pontificum romanorum, editionis Oldoin*, 1677, t. III, p. 359.

(²) Compte rendu de la Commission des monuments historiques de la Gironde, année 1848, p. 20.

(³) Épitaphe du tombeau de Clément V.

(⁴) Delurbe, *Chronique Lordelaise*.

» *et supremis tabulis mandavit corpus suum Uzestæ sepeliri....*
» et ailleurs : *corpus... sepultum est in ædiculâ Beatæ Mariæ de
» Uzestâ, Vasatensis diœcesis, ob devotionem quam ad eum locum
» habuerat* (¹). »

En s'appuyant sur cette dernière citation, on a dit que Clément V, dans son enfance, dut aimer à visiter ce sanctuaire, et garder toute sa vie de ce lieu béni un pieux souvenir ; que la pensée de placer sa tombe près de cette image vénérée était une inspiration de sa piété envers Marie, et que cette piété, mieux que l'amour si naturel de sa terre natale, expliquerait le choix qu'il fit d'Uzeste pour le lieu de sa sépulture. Mais la chronique bazadaise le disant « *natif du bourg d'Uzeste,* » ne doit-on pas présumer qu'il ait voulu être enterré à Uzeste parce que c'était le lieu de sa naissance ?

La plupart des auteurs, il est vrai, le font naître à Villandraut ; mais leur témoignage est-il préférable à celui de Mgr Raymond-Arnaud de La Mothe, neveu du Pape, auteur de la Chronique et mort évêque de Bazas en 1357 ? Villandraut n'a jamais eu la possession paisible du berceau de Clément V. Bajole, La Guionie, Baluze, Le Gallia et six ou sept autres auteurs le font naître à Uzeste. La question paraît donc au moins douteuse ; et la note marginale qui suit, ajoutée sans doute depuis à la Chronique du xive siècle, semble très bien exprimer une tradition : « Le choix
» que Clément V fit d'Uzeste pour le lieu de sa sépulture prouve
» assez qu'il y est né..... *Et cùm in ecclesiâ collegiali de Uzestâ
» sepulturam sibi elegerit, satis argumenti est ibidem natum
» esse.* » (Chronicon Vasatense.)

Quoi qu'il en soit, cette chronique écrite au xive siècle, cette prédilection manifeste de Clément V pour Notre-Dame d'Uzeste qu'il visite lorsqu'il est archevêque de Bordeaux et Souverain Pontife, le soin qu'il prend d'en restaurer, selon le style ogival, les voûtes, les piliers, la partie orientale, l'agrandissement qu'il donne à ce sanctuaire vénérable par la construction du chœur

---

(¹) Giaconii, t. II, p. 359.

qu'on admire et des chapelles qui l'entourent, les sommes qu'il laisse pour la construction d'un clocher et d'une flèche, tant de transformations qui lui méritent le titre de *Fondateur de l'Église d'Uzeste* ([1]), le chapitre qu'il y établit, le désir qu'il a d'y être enterré, tout cela n'est-il pas une grande présomption en faveur d'Uzeste ?

La tradition landaise, sans qu'on en connaisse le point de départ, dit : *le pape d'Uzeste*, comme l'on dit : les François d'Assises, de Paule, de Sales, du lieu de leur naissance et non de leur sépulture. Jamais on n'a dit : Le Pape de Villandraut. C'est bien étonnant s'il y est né, d'autant plus étrange que Clément V y possédait un second château.

Quant aux historiens qui le disent originaire de Villandraut, ils avouent qu'ils se sont copiés les uns les autres, et s'appuient tous sur Bernard Guidonis, contemporain et évêque de Lodève. Ce n'est donc en résumé qu'un seul témoignage. Du reste, quelle importance ces écrivains attachaient-ils à ce que Bertrand de Goth fût d'Uzeste ou de Villandraut ? Cela ne faisait rien à l'histoire pour laquelle ils écrivaient. Villandraut est si rapproché d'Uzeste, qu'en y venant, le Pape était toujours dans son pays natal ; et comme il a daté deux bulles de Villandraut, où il s'était bâti une résidence seigneuriale, les historiens étrangers à nos contrées l'y ont fait naître. — Mais localisons en quelque sorte la question ; qu'elle soit débattue entre ces deux paroisses « *séparées l'une de l'autre par un intervalle que le pied d'un enfant peut franchir en une seule étape.* » Quel témoignage *du pays et de l'époque* opposera-t-on à la chronique de Bazas et au document des Bénédictins de La Réole ? Aucun.

Quelque temps après le mariage d'Éléonore de Guienne avec Henry, dit l'histoire de Bazas, la famille de Goth, déjà alliée avec les premières maisons de l'Aquitaine, voulant se soustraire aux troubles qui désolaient la Provence, vint s'établir dans le Bazadais, alors sous le sceptre du roi d'Angleterre. Elle y fonda, dit

([1]) Épitaphe.

le vieux document des Bénédictins de La Réole, un bourg qu'elle appela *Uzesta*, ou le petit Uzès, en souvenir de sa ville natale, près de Nimes. Et c'est là, dit la chronique, que naquit Bertrand de Goth « *Bertrandus de Gutto oriundus ex pago de Uzestá, diœcesis Vasatensis.* »

Dès l'année 1166, le siège de Bazas était occupé par Mgr Garcias Benquet, frère d'Arnaud Garcias de Goth, grand-père de Clément V. Ce prélat est l'auteur du *Baptistâ Salvatoris*, sorte de chronique religieuse de l'église de Bazas qui s'arrête à l'épiscopat de Forton Guarini de Pellegrue, mort en 1143. Ce ne fut point le seul pontife que cette famille donna à l'Église. Avant Bertrand de Goth, Béraud de Goth, oncle de Clément V [1] et archevêque de Lyon, fut créé cardinal-évêque d'Albane en 1294, et nommé, en 1296, par Boniface VIII, légat en France et en Angleterre. Bernard de Goth, évêque d'Agen, était aussi l'oncle de Clément V, qui le transféra à Langres pour le ramener encore à Agen. « Le 17 mai 1304, dit M. Rabanis, l'archevêque de Bordeaux entreprit » la visite de sa province... Le diocèse d'Agen, que gouvernait » son oncle, fut le premier visité [2]. »

Le 12 avril 1273, nous voyons un Sennebrun de Goth rendre hommage à Édouard II, roi d'Angleterre, pour la seigneurie d'Uzeste. Le père de Clément V est le premier de cette famille qui soit qualifié de seigneur de Villandraut; et Jules Quicherat, dont le texte est rapporté dans la *Guienne militaire* (6e livraison), dit que c'était à la suite d'une alliance matrimoniale. Quelquefois, le chef de la famille prend le double titre de seigneur d'Uzeste et de Villandraut, et toujours Uzeste est en première ligne.

On ne sait point à quelle époque Bertrand de Goth laissa l'obscure vallée du Ciron pour aller étudier aux Universités de Bologne et d'Orléans. Il fut chanoine et prévôt de Saint-Martin de Tours, puis chanoine et sacristain de Saint-André de Bordeaux, et il était connu à la cour pontificale, puisqu'avant d'être promu

[1] D'autres le disent frère de Clément V.
[2] Notice sur Clément V.

à l'évêché de Comminges, en 1295, il avait été chapelain de Boniface VIII [1]. Il occupait le siége de Bordeaux depuis cinq ans, lorsqu'au mois de juin 1305 il fut élu pape.

Certes, pour l'élire, les cardinaux n'avaient besoin ni des influences, ni des intrigues supposées. La résistance si vive qu'il avait opposée à Philippe le Bel qui l'exila après avoir fait ravager ses terres [2], ne leur avait-elle pas fourni la preuve de son énergie et de son dévouement à la sainte Église? Archevêque d'un grand siége, neveu d'un cardinal, issu d'une famille puissante, et, malgré les discordes déjà oubliées, ami du roi de France qu'il fallait ménager, Bertrand de Goth n'était-il pas l'homme de la Providence?

Ah! si la capitale de la Guienne tressaillit de joie le jour où elle vit arriver son archevêque aux hauteurs resplendissantes du pontificat suprême, « nos vertes forêts frémirent de bonheur et
» d'orgueil. Orgueil bien légitime, car elles avaient vu naître
» Bertrand, et bien des fois, le soir, il s'était endormi, dans le
» donjon de son père, au murmure harmonieux de leurs plaintes
» monotones [3]. »

Depuis son élévation, le pape visita deux fois son pays natal. « Repoussé de sa capitale par des passions qu'il espérait fléchir
» plus tard, dit M. Laprie, Clément V promenait de campements
» en campements la cour pontificale. Il passa successivement de
» Lyon à Bordeaux, à Poitiers, de Poitiers à Bordeaux, à Pessac,
» à Villandraut, à Uzeste. C'est à l'ombre de nos chênes et de
» nos pins, c'est sur les rives sauvages de nos ruisseaux ignorés,
» qu'il venait chercher un peu de repos pour ce corps toujours
» malade depuis qu'il était voué à tant d'honneurs, un peu de
» calme pour cette âme où la joie n'entrait plus qu'à titre de
» consolation. Comme un astre suivi de ses satellites, on le voyait
» s'enfoncer subitement dans nos solitudes étonnées.... Mais le
» pasteur du troupeau de Jésus-Christ avait beau se retirer parmi

---

[1] Le P. Anselme, *Histoire généalogique des maisons de France*.
[2] Vigor Simon, p. 86.
[3] M. l'abbé Laprie, discours sur Clément V.

» les pâtres, il ne trouvait pas la paix que ceux-ci possèdent
» sans le savoir. Les anges de toutes les églises venaient le visiter
» sur les bords du Ciron et troubler de leurs messages son Vati-
» can rustique. Sauf ses grandeurs, Rome tout entière était là. »

Il publia et data du château de Villandraut deux bulles en faveur de l'église métropolitaine de Bordeaux. Et tandis qu'il bâtissait la plus glorieuse partie de cette cathédrale, il élevait à Uzeste, en l'honneur de la Reine du ciel, un des plus beaux monuments que possède le Bazadais. Il y établit un chapitre, ainsi qu'à Villandraut. Ces deux collégiales étaient bien rapprochées l'une de l'autre, quoique dans des diocèses différents ; mais le pape ordonna comme condition fondamentale de leur existence, que le chapitre d'Uzeste, dans le diocèse de Bazas, fût soumis à la juridiction de l'archevêque de Bordeaux, et que le chapitre de Villandraut, dans le diocèse de Bordeaux, reconnût la juridiction de l'évêque de Bazas. Son but était probablement de maintenir des relations d'amitié entre ces deux prélats. Les sommes laissées par Clément V au chapitre d'Uzeste ne furent finalement payées que le 17 février 1417, par Bertrand de Goth, cousin du pape au cinquième degré [1].

Quand Clément V sentit approcher la mort, il songea encore à son pays natal [2]. « Soulevant alors sa main appesantie, il la
» dirigea avec un geste affectueux vers le coin obscur où s'é-
» taient écoulés ses premiers jours, et dont il apercevait à tra-
» vers l'espace les charmes sans égaux. C'est là qu'il avait lui-
» même marqué sa tombe. Il crut qu'il lui restait assez de forces
» pour regagner ce gîte de son suprême sommeil. C'est pourquoi
» les serviteurs de l'auguste malade le prirent sur leurs épaules,
» et, guidés par ses tendres désirs, ils s'en venaient le porter au
» lieu de son amour et de sa modestie. Le ciel et la terre sui-
» vaient avec émotion la marche de ce convoi, lorsque Dieu fit
» signe à la mort de lui barrer le chemin [3]. » C'était le 20 avril

[1] Le P. Anselme.
[2] Baluze.
[3] L'abbé Laprie.

1314, à Roquemaure, diocèse de Nîmes, « *Obiit apud Rupem Mauram, diæcesis Nemausensis, die XX aprilis* (¹). »

Sa dépouille mortelle, retenue quelque temps par les habitants de Carpentras, mais vivement réclamée par ses frères, arriva à Uzeste, au mois d'août qui suivit sa mort. « *Corpus feretro plumbeo transportatum est Uzestæ, ubi sepulturam sibi delegerat. Delatum eò est ad finem augusti..... et tamen non nisi anno 1359 sepulchro conditum, quod magnificentissimè constructum est marmore et alabastrite lapide* (²). »

Par ce qui précède et par l'épitaphe transcrite plus bas, on voit qu'il ne fut définitivement enseveli que quarante-cinq ans après sa mort, dans le mausolée que lui éleva son neveu, le cardinal de La Mothe, mort en 1357, et dont le testament consigné dans la chronique bazadaise est rapporté par Baluze : « *Volo, executo-* » *resque meos attentè rogo ut tumulus quem ad sepeliendum cor-* » *pus Felicis recordationis Clementis pape V fabricare feci in ec-* » *clesiam Beatæ Mariæ de Uzestà, diæcesis Vasatensis, compleatur* » *et absolvatur stipendiis meis* (³). » Ce tombeau, admirablement travaillé, était orné de huit colonnes de jaspe, « *sepulchrum ejus* » *marmoreum, admirandi operis, octo columnis ex jaspide pulchrè* » *exornatum erat* (⁴).

Il y avait deux cent soixante-trois ans que Clément V dormait au doux murmure de la prière, lorsqu'en 1577, les huguenots, après s'être emparés de Bazas, après avoir pillé la cathédrale, égorgé les prêtres, commis toute espèce de meurtres et de sacrilèges, vinrent à Uzeste. Ils saccagèrent l'église, renversèrent les autels, pillèrent les sacristies, mutilèrent les statues, rompirent le cercueil du pape, enlevèrent les ornements, les pierres précieuses et les urnes d'argent qu'il contenait, admirèrent un instant sa statue colossale (il avait presque huit pieds de haut) et livrèrent son corps aux flammes : « *A violantibus sepulchrum in-*

(¹) Épitaphe.
(²) Spondé, p. 383.
(³) Baluze, t. Ier, p. 733.
(⁴) Ciaconii.

» *ventum est pontificium corpus, admodum procerum ferè pedes*
» *VIII..... Violatores insignis tumuli ex eo retulere in prœdam*
» *aliquot gemmas, argenteaque vascula quæ una cum corpore in-*
» *clusa fuere. Ossa denique igni cumburenda tradidere. Hæc vio-*
» *latio sepulchri facta est anno 1577* ([1]). »

Les flammes cependant ne dévorèrent pas tous les ossements. Ce que le feu avait épargné fut replacé dans le tombeau, qu'on restaura à grands frais. Clément V reposa encore pendant deux cents ans sous la garde de neuf chanoines que la tourmente révolutionnaire emporta en exil. Les vieillards qui vivent encore pleurent en racontant les profanations dont ils furent les témoins. L'église fut dévastée, les statues et les autels renversés, le tombeau pontifical ouvert de nouveau. Tout ce qui enveloppait le corps tomba en poussière au contact de l'air; mais les ossements furent recueillis avec soin et replacés dans le tombeau. Les ornement sacrés, les archives, les titres du chapitre furent brûlés sur la place avec la chape de Clément V.

Cette chape était, après le tombeau du pape, le plus riche trésor de la collégiale. Tous les ans, pour la fête patronale, 8 septembre, on l'exposait à la vénération des fidèles; c'était un jour de pèlerinage pour tout le Bazadais. A peu près semblable à celles que Clément V avait données à la cathédrale de Saint-Bertrand de Comminges, dont il avait été évêque, elle était couverte de broderies d'or. Elle offrait une série de sujets et d'actions infiniment intéressantes à étudier, tels que plusieurs figures de Marie avec les mystères de la divine Vierge : la Nativité, la Présentation, l'Annonciation, la Visitation, la Naissance de Jésus-Christ, la Purification, la fuite en Égypte, Marie retrouvant l'enfant Jésus dans le temple, Marie au pied de la croix avec saint Jean, sa mort, son Assomption, enfin Notre-Seigneur recevant et couronnant sa mère dans le ciel. Puis de saints personnages portant leurs noms écrits sur des philactères. Ces divers sujets étaient renfermés dans des médaillons reliés entre eux par des rinceaux entremêlés de feuillages et de figures d'animaux.

([1]) Giaconii.

Un procès-verbal d'enquête, dressé le 2 juillet 1848 par M. le maire d'Uzeste et envoyé la même année à la Commission des Monuments historiques, constate qu'en 1805 le tombeau fut ouvert et qu'il fut reconnu renfermer les restes de Clément V. Il y a encore dans la paroisse des vieillards qui ont assisté à l'ouverture du sépulcre, qui ont vu et touché les ossements et admiré leur longueur prodigieuse. Ce tombeau, placé autrefois au milieu du chœur, est aujourd'hui relégué dans un coin obscur, derrière la porte méridionale. Les décors sculptés qui ornaient ses faces ont disparu ; on ne remarque plus que les trous où étaient fixées les plaques en marbre noir dont trois servent encore de dalles dans le sanctuaire. La statue du pontife en marbre blanc est mutilée ; la tête est séparée du tronc.

Autour du mausolée, on lit encore, en caractères du xiiie siècle, l'inscription suivante. Les mots sont intervertis, parce qu'en transférant le tombeau, on n'a pas su remettre en place les énormes plaques de marbre noir sur lesquelles ils sont gravés ; mais il est facile de les replacer dans leur ordre naturel :

HIC : JACET : FELICIS : RECORDATIONIS : DŪS : CLEMĒS : PP : V· : FŪDATOR : ECCLESIARU : DE : UZESTA : ET : DE : VIHEDRANDO : QUI : OBIIT : APD : RUPPĒ MAURĀ : NEMAUSEN : DYOC : DIE : XX : APLIS : POTIFICAT· : SUI : ANNO : IX : PORT· : VERO : AD : ISTĀ : ECCLESIĀ : BTE : M· : XXVII : DIE : AUGUSTI : TŪC : PXIĀ : SEQŌTI : ANNO : DN : M : CCC : XIIII : SEPULT· : DIE..... M : CCC : LIX : †

« Ci-gît, d'heureuse mémoire, le seigneur Clément V, pape, fon-
» dateur des églises d'Uzeste et de Villandraut, qui mourut à Ro-
» quemaure, diocèse de Nîmes, le vingt avril, neuvième année de
» son pontificat, et porté à cette église de la Bienheureuse Marie
» le 27 août suivant de l'an de Notre-Seigneur 1314, et enseveli
» le..... 1359 †. »

On voit à la gauche du chœur un autre mausolée en pierre, conservant encore quelques traces de peintures. Les débris qu'on a pu recueillir donnent une idée de la forme et de la beauté du monument, à peu près semblable au tombeau de Jean XXII, à Avignon. On ignore qui y fut enseveli. On croit bien, selon une tradition recueillie par Jouannet, que ce fut le cardinal de Goth, neveu de Clément V. Mais la statue qui recouvre le sarcophage est celle d'un chevalier. On sait que le père du pape, Béraud Garcias de Goth, seigneur d'Uzeste et de Villandraut, était écuyer, *patre Beraldo, viro militari, equite opulento* (¹); et que son frère aîné Arnaud Garcias de Goth avait en sa compagnie, lors de la guerre de Gascogne (1294-1295) un chevalier et treize écuyers.

C'est dans l'église d'Uzeste que les Goth avaient leur tombeau : tout porte à le croire, même l'écusson de la famille qui encadrait autrefois les verrières du sanctuaire; on voit encore une partie de cette guirlande héraldique. L'écu, comme l'a déjà dit M. Leo Drouyn, est *fascé d'or et de gueules*. La Chesnaye des Bois et la Commission des monuments historiques disent également qu'il était *d'or à trois faces de gueules*. La notice historique sur la ville et les évêques de Comminges dit de Bertrand de Goth : « Il por-
» tait : *d'argent alias d'or à trois faces de gueules.* »

En 1300, Philippe le Bel ayant cédé aux Goth les vicomtés de Lomagne et d'Auvillars en échange de quelques terres en Guienne, plusieurs d'entre eux, du temps même qu'ils possédaient leur château de Villandraut, se firent enterrer au monastère d'Auvillars, diocèse de Condom (Gers), où l'on trouve des messes fondées pour Clément V et sa famille (²).

« En 1325, écrivait naguère dans la *Revue Bazadaise* un prêtre
» aussi modeste qu'érudit, Régine de Goth, héritière universelle
» des Garcias, laissa à Jean Ier d'Armagnac, son mari, la seigneu-
» rie de Villandraut avec ses deux vicomtés. A la suite du grand
» procès au Parlement de Paris contre les dispositions testamen-
» taires de Régine, les parties ayant été accordées par l'entremise
» du duc de Bourbon, les Durfort-Duras furent substitués aux
» Armagnac pour la seigneurie de Villandraut (et d'Uzeste); et de
» cette époque, 1327, date le terme de son appartenance à la
» famille de Goth. »

(¹) Giaconii, t. II, p. 359.
(²) Le P. Anselme, *Histoire généalogique des maisons de France*, t. II.

Enfin, le *Gallia Christiana*, selon un membre correspondant de la Commission des Monuments historiques de la Gironde, fait bâtir à Uzeste, par Clément V, non seulement une collégiale, mais encore un château, *castrum*, dont il ne reste aucune trace. « Cependant, ajoute le savant archéologue, parmi les nombreux manuscrits laissés à M. Marchandon par M. O'Reilly sur *la vie de tous les évêques et archevêques de Bordeaux*, à l'article : *Bertrand de Goth*, on fait restaurer une partie de l'église d'Uzeste sur les ruines du manoir de Béraud de Goth. Qui sait si les travaux qu'un habile architecte (¹) va exécuter à l'ancienne collégiale ne justifieront pas cette assertion (²) ? »

De tant de souvenirs précieux, il ne reste plus que l'église et le clocher. Ils sont toujours debout, mais pauvres, nus, désolés, chancelants presque, tout couverts des cicatrices d'un siècle qui s'est plu aux ruines, comme les autres s'étaient plu à l'édification. Ils commandent encore l'admiration de l'artiste et les hommages du chrétien. En voyant tant de désastres, tant de pauvreté, tant de souillures, tant d'humiliation autour du tombeau d'un lieutenant de Jésus-Christ *qui soutint avec un génie et des malheurs peu communs le poids de l'Église et du monde*, on confesse volontiers que *Dieu seul est grand*, mais on bénit le prince de l'Église dont la main généreuse va couvrir les traces d'un temps malheureux et rendre au front de Notre-Dame d'Uzeste la splendeur qu'y avait attachée Clément V.

Après avoir relevé tant de sanctuaires de Marie, Son Éminence ne pouvait pas laisser tomber celui d'Uzeste, un des plus anciens et des plus célèbres de cet archidiocèse. *Uzesta nobilis miraculis Beatæ Virginis*. Un pape en est le *fondateur*, un cardinal en sera le *restaurateur*, et Uzeste ne cessera de bénir dans un même sentiment de gratitude et d'amour les noms de *Clément* et de *Ferdinand*.

Qu'il nous soit permis de solliciter de Son Excellence Monsieur

(¹) M. Mondet.
(²) Voir dans le *Glaneur* de Bazas, des mois d'avril, mai, juin et juillet, l'intéressante polémique de MM. N. et O. sur le berceau de Clément V.

le Garde des Sceaux, à qui nous dédions cet opuscule, un secours aussi considérable que possible. La commune d'Uzeste est si pauvre ! Après avoir sauvé tant d'édifices religieux, le Gouvernement de l'Empereur ne voudra pas laisser tomber la belle collégiale qui renferme les restes d'un pape français, vengé par la critique moderne (1) ; il s'associera de grand cœur à cette œuvre toute patriotique, qui intéresse autant l'art que l'histoire, et la Gironde, la France, l'Église auront à le bénir d'un bienfait de plus.

Uzeste, le 1er octobre 1866.

---

(1) L'*Aquitaine* n° 116 disait récemment : « Replaçons dans son vrai jour cette
» illustre victime. Trois causes ont obscurci l'histoire du pape gascon : les jalou-
» sies italiennes, les vengeances des sociétés secrètes, et la colère d'une école soi-
» disant historique, ennemie jurée de nos meilleures gloires. Le procès est à
» réviser. La calomnie s'évanouira comme une fumée à la clarté des documents
» authentiques. On sait déjà comment M. Rabanis, homme peu suspect de cléri-
» comanie, a lavé la mémoire de Clément V de la principale accusation de Villani,
» le compromis avec Philippe le Bel. Les autres tomberont de même. »

La *Civitta catholica* de Rome (livraison du 18 août dernier) publiait, dans un article du plus haut intérêt au point de vue de l'histoire et de la politique, la bulle d'abolition, *Vox in excelso audita est*, par laquelle Clément V supprima à jamais, au sein du concile œcuménique de Vienne, l'ordre des Templiers. Ce document authentique, daté du XI des kalendes d'avril (22 mars), inconnu jusqu'à nos jours, empreint d'une solennité saisissante et d'une beauté toute biblique, fut découvert l'an dernier, en Espagne, par un bénédictin, l'illustre Dom Gams. C'est une justification sans réplique du premier pape d'Avignon.

www.ingramcontent.com/pod-product-compliance
Lightning Source LLC
Chambersburg PA
CBHW061530040426
42450CB00008B/1871